Libro de gramática inglesa para principiantes y avanzados.

Información biográfica de la Biblioteca Nacional
Alemana: La Biblioteca Nacional Alemana lista esta
publicación de la Bibliografía Nacional Alemana; Se
puede acceder a datos bibliográficos detallados en
Internet en dnb.dnb.de

©2023 Raphaela Floréz
Producido y publicado por: BoD - Books on Demand,
Norderstedt
ISBN 9783734755941

Libro de gramática inglesa para principiantes y avanzados.

- fácil y sencillamente explicado.
- contiene los temas más importantes.
- incluyendo los verbos irregulars
- con muchos ejemplos

Table of contents:

Capítulo 1

el sustantivo

	masculino	femenino
singular	a gentleman (un señor)	a lady (una señora)
plural	some gentleman (unos señores)	some ladies (unas señoras)

artículo indefinido maskulino: a (singular), **some** (plural)
artículo indefinido feminino: a (singular), **some** (plural)

Pero si el artículo indefinido va antes de un sustantivo que comienza con una vocal, a se convierte en an
Ejemplos:
-an apricot (un albaricoque)
-an apple (una manzana)

Ejemplos de un sustantivo que comienza con una consonante
-a table (una mesa)
-a tree (un árbol)

Pero hay excepciones porque también depende de la pronunciación
Ejemplo:
-an hour..(una hora..)

el artículo indefinido en singular y plural es el mismo para femenino y masculino

artículo definido maskulin: **the** (singular), **the** (plural)
artículo definido feminin: **the** (singular), **the** (plural)

el articulo definido es el mismo para masculino y femenino y tambien en número

ejemplos:
- They go to **the** cinema (Van al cine)
- **The** cinema ist big (el cine es grande)
- **The** cinemas are closed today in this town (los cines están cerrados hoy)
- He comes from **the** cinema (Viene **del** cine)

(los días de samana)

monday	el lunes
tuesday	el martes
wednesday	el miercoles
thursday	el jueves
friday	el viernes
saturday	el sábado
sunday	el domingo

ejemplos:
- Lui plays soccer **on** fridays. (Luiz juega fútbol en el viernes.)

4

- They go to the cinema **on** wednesday**s** (Ellos van al cine los miercoles.)
- Luiz go to the park **on** thursday (Luiz va al este parque en el jueves.)
- They go to the cinema every month (Ellos van al cine cada mez.)
- Today is Thursday..(Hoy es jueves)

En inglés, el artículo definido no va antes del día de semana
Si la acción se repite el mismo día de la semana, se añade una **s** al día de la semana
la preposición para **en** es **on**

el día	the day, pl. the day**s**
el mez	the month, pl. the month**s**

si el sustantivo está en plural, generalmente se agrega una **s**

pero también hay excepciones como por ejemplo:
- (a)man pl. some(m**e**n)
  (un señor),(uños señores)
- (a)woman pl. some(women)
  (una señora),(unas señoras)

Capítulo 2

el verbo ser,en inglés: (to)be

(yo)soy..	I am...
(tú)eres..	You are...
(él,ella,usted)es..	He,She,It is...
(nosotros)somos..	We are...
(vosotros)sóis..	You are...
(ellos,ustedes)son..	They are...

En inglés no hay cortesía para usted y usted
Tú y **vosotros** ambos se traducen con el pronombre personal **you**

También se puede acortar el verbo (to)be en relación con los pronombres personales

(yo)soy..	I'm...
(tú)eres..	You're...
(él,ella,usted)es..	He,she,it's...
(nosotros)somos..	We're...
(vosotros)sóis..	You're...
(ellos,ustedes)son..	They're...

En inglés no hay diferencia entre el verbo ser y estar ambos verbos tienen el mismo significado
Ejemplos:

- The soup **is** cold (la sopa está fría)
- the cinema **is** near the park (el cine está cerca del parquet
- the park **is** big (el parque es grande)
- the shirts **are** blue (las camisas son azules)
- Luiz **is** bored (Luiz está abburrido)
- He **is** at this park (el está en este parque)
- the building **is** in front of the park (el edificio está enfrente del parque)

adjetivos y adverbios relacionados con el verbo (to)be:
- **Luiz is interested in this film (Luiz está interesado en esta película.)**
- **Luiz is bored (Luiz está aburrido)**
- **This Film is not intersting(or es boring),(esta pelicula no es intersante(o es aburrido)**

el adverbio se usa en conexión con estar y el adjetivo se usa en conexión con ser

normalmente en inglés, los adverbios terminan en **-ed** y los adjetivos terminan en **-ing**
pero también hay excepciones donde el adverbio es muy diferente del adjetivo..por ejemplo:
- Luiz is **good** in football (Adjektiv) (Luiz es bueno en el fútbol)
- Luiz plays **well** (Adverb) (Luiz juega bien al fútbol)

unas frases.

How are you? ..(Qué tal?o Cómo estás?)

Where are you from?..(De dónde eres?)I am from..Luiz is from..

What is your name?..(Cómo te llamas?)(nombre ->(first)name..apellido->(last)name)

My name is..(me nombre es..)

Basic numbers. (números básicos.)

0 zero	1 one
2 two	3 three
4 four	5 five
6 six	7 seven
8 eight	9 nine
10 seven	11 eleven
12 Twelve	13 thirteen
14 fourteen	15 fifteen
16 sixteen	17 seventeen
18 eighteen	19 nineteen
20 Twenty	21 twenty one
22 twenty two	23 twenty three
24 twenty four	25 twenty five
26 twenty six	27 twenty seven
28 twenty eight	29 twenty nine
30 thirty	31 thirty one
40 forty	41 forty one
50 fifty	51 fifty one
60 sixty	61 sixty one
70 seventy	71 seventy one
80 eighty	81 eighty one
90 ninety	91 ninety one
100 hundred	101 one hundred one
102 one hundred two	200 two hundred
300 three hundred	400 four hundred
500 five hundred	600 six hundred
700 seven hundred	800 eight hundred
900 nine hundred,-as	1000 thousand
2000 two thousand	10000 ten thousand
100000 one hundred thousand	1000000 million

Ejemplos:
- ten tries (diez árboles)

- three cars (tres coches)
- It is one tree or It is a tree..(Es un árbol)
- What time is it..It is five o'clock..(Qué hora es..son las cinco)
- It is eight o'clock..(Son las ocho)
- What time does Luis arrive?..Luiz arrives at seven o'clock (A qué hora llega Luiz?..Luiz llega a las siete)
- It is half past three.. (Son tres y media)
- It is a quarter to two..(Son las dos menos cuarto)

(El número va antes del sustantivo)
El número no se adapta al sustantivo y es invariable
Ejemplos::
- one hundred and three cars (ciento tres coches)
- five hundred people (cincocientas personas)
- three hundred cars (trescientos coches)
- five tables (cinco mesas)
- three glasses (tres vasos)
- one hundred and one spoons (cien y uno chuaras)
- one hundred and one trees (cien y uno árboles)

La posición de los adjetivos en inglés.

En inglés, los adjetivos siempre van antes del sustantivo

Los adjetivos no se adaptan al sustantivo y son invariables

Ejemplos:
- the **blue** shirt (la camisa azul)
- the **red** car (el coche rojo)
- the **big** trees (los árboles grandes)
- the **blue** cars (el coche azul)
- the **green** shirts (la camisa verde)

Capítulo 3

pronombre sujeto

(yo)	I
(tú)	you
(él, élla,)	he, she, it
(nosotros,nosotras)	we
(vosotros,vosotras)	you
(ellos, ellas)	they

En una frase, la primera persona del singular
I(yo)siempre se escribe con mayúscula
Por ejemplo:
- He always calls me when **I** am sleeping

Con los pronombres de sujeto **we** y **you(pl.)** no hay diferencia entre masculino y femenino en ingles

11

En inglés, el pronombre sujeto no se puede omitir porque, a diferencia del español, no se puede saber por las terminaciones verbales de quién se trata

Aquí hay algunos ejemplos con verbos regulares en el tiempo Simple Present(presente)

(to)sleep (dormir)

I sleep
You sleep
He,she, it sleeps
We sleep
You sleep
They sleep

(to)drink (beber)

I drink
You drink
He,she, it drinks
We drink
You drink
They drink

(Sin los pronombres de sujeto, no sabrías quién es)

(En el Presente se adjunta **s** al verbo(infinitive) en la **3. persona del Singular**)

Verbos irregulares son:

(to)go
He,she it **goes**

(to)fly (volar)
He,she,it **flies**

(to)carry(llevar)
He,she,it **carries..(él,ella lleva)**

(to)do
He,she,it **does..(él,ella hace)**

(to)catch
He,she,it **catches..(él,ella atrapa)**

(to)have
He,she,it **has..(él,ella tiene)**

El verbo modal **can** es el mismo para todas las personas en Singular y Plural
I,you,he,she,it,we,you,they..**can**

otro verbo irregular en tiempo presente es **(to)be**
(ser,capítulo dos)

Capítulo 4

el pronombre de objeto directo (acusativo)

me	me
te	you
lo, la	him, her, it
nos	us
os	you(pl.)
los, las	them

el pronombre de objeto indirecto (dativo)

me	me
te	to you
le	him, her
nos	us
os	you(pl.)
les	them

(Una diferencia:..It's me..(en Inglés)
(en Español..Soy yo)
Me too..(en Inglés)
(en Español..Yo tambien)

A diferencia del español, los pronombres de objeto indirecto no van antes del verbo en una frase

Ejemplo:
- "Did Luiz give her the pencil?"-"He gave her the pencil"
  („Luiz le dio el lápiz?" – „Le dio el lapiz.")
- „Has Luiz told her about the country?" – „He told her about the country."
  („Luiz le ha contado sobre el país?" – „Le ha contado sobre el país."

Si el pronombre de objeto indirecto y el pronombre de objeto directo están en una frase hay dos posibilidades:

1. el pronombre de objeto indirecto va antes del objeto directo

ejemplos:
- „Did Luiz give her the pencil?"-"He gave her the pencil."
  („Luiz le dio el lápiz?" – „Le dio el lápiz.")
- „He told her about the country."

("Se lo ha contado.")

2. El pronombre de objeto directo viene antes del pronombre de objeto indirecto, pero entonces la preposición **to** siempre debe venir antes del pronombre de objeto indirect

Ejemplos:
- He gives the pencil to her

- He shows it(the park) to her
  (Le muestra el parque)

- He told it to her
  ("Se lo ha contado.")

si los pronombres de objeto están en una frase con el infinitivo, no se adjuntan al infinitive

Ejemplos:
- "Does Luiz know this movie?" – "No, but he wants to see it."
  ("Luiz conoce esta pelicula?" – " No, pero quiere verla."
- "Did Luiz give her the pencil?" – "No, but he wants to give it(the pencil) to her."
  ("Luiz le dio el lápiz?" – "No, pero quiere dárselo.")

si el objeto directo es una persona, se omite la preposición antes del nombre
Ejemplos:

- **You know Luiz?**
  (Conoces a Luiz?)

Algunos ejemplos más de pronombres de objeto indirecto y pronombres de objeto directo en una frase

- Did Luiz give Elena the pencil?
  (Luiz le dio el lápiz a Elena?)
- The visitors brought Luiz a gift
  (Los visitantes le han traído un regalo a Luiz)
- Luiz brought some presents to the visitors
  (Luiz les ha traído algunos regalos a los visitants)
- He shows Luiz the park
  (Le muestra el parque a Luiz)

Capítulo 5

frases interrogativas y palabras interrogativas.

Hay dos formas de formular una pregunta en inglés
1. **Pregunta con un verbo auxiliar.**
2. **Pregunta sin un verbo auxiliar.**

Ejemplos:
- „**Do** you know Luiz?"

or „You know Luiz?" (Conoces a Luiz?)
- **„Does** Luiz give her the pencil?"
or "Luiz gives her the pencil?"

El verbo auxiliar de los pronombres personales(I, you, we, you(pl.),they) es..**do**

El verbo auxiliar de la 3. Persona del singular(he, she, it) es..**does (Capítulo 2..(to)do)**

En el segundo ejemplo („Does Luiz give her the pencil?") la **s** se omite del verbo (give) porque ya está contenida en el verbo auxiliary

Palabras interrogativas en ingles.

- **What..por ejemplo: "What does this man say?" ("Qué dice este hombre?")**
- **Where..por ejemplo: "Where is Luiz from?" Or "Where does Luiz come from?"(De dónde es Luiz?")**
- **"Who is Luiz?"..("Quién es Luiz?")**
- **"Who are this people?"..("Quiénes son estas personas?"**
- **"Whoes bags are those?"..(De quién son estas bolsas?")**
- **"Where is Luiz?" ("Dónde está Luiz?")**

- "Where does this train go?"..(Adónde va este tren?")

la misma palabra se usa para **donde**, **de dónde** y **adónde** en ingles..where

- „How much does this bag cost?" ("Cuánto cuesta esta bolsa?")
- "How are you?"..(Cómo estás?")
- "How does Luiz know?"..(Cómo sabe Luiz?")
- "Why is this store closed today?"..("Por qué está cerrada esta tienda hoy?")
- "When arrives Luiz?"..(Cuándo llega Luiz?)

Hay una diferencia entre cual y que en ingles.
 Ejemplos:
- "What is your name?"..(Cuál es tu nombre?")
- "Which bag does Luiz like?"..(Qué bolsa le gusta a Luiz?)
- ("Which bag does Luiz take?"-"Which one he likes."..(Qué bolsa toma Luiz?-Cual le gusta.)

En inglés, la palabra **which(cual)** viene antes del **sustantivo**

Si una frase interrogativa también contiene una palabra de pregunta, siempre se debe usar el verbo auxiliar, a menos que el verbo sea **(to)be(ser)**

Ejemplos por frases con una plabra de pregunta.

- "Where **does** Luiz come from?"..(De dónde es Luiz?)
  or Where **is** Luiz from?
  Pero no ~~Where Luiz comes from?~~
  Y no ~~Where comes Luiz from?~~
- "How much **is** this bag?"
  or "What **does** this bag cost?"..(Cuánto cuesta esta bolsa?)

En relación con el simple past, que corresponde al indefinido el verbo auxiliar (to)do se convierte en..did(Past Simple)

Ejemplos:
- **"Did Luiz give her the pencil?"..(Luiz le dio el lápiz?)**
- **"Did you buy the bag?"..(Compraste la bolsa?)**

Capítulo 6

Los pronombres reflexivos

En Inglés los pronombres reflexives se usan principalmente en para enfatizar que alguien está haciendo algo por sí mismo

(Yo)->myself
(tú)->yourself
(él,ella)->himself,herself
(nosotros,nosotras)->ourselves
(vosotros,vosotras)->yourself

(ellos,ellas)->themselves

Ejemplos:
- **He discovers the recipe himself..** (Él mismo descubre la receta)
- **Luiz knows this city himself..**(Luiz conoce esta ciudad él mismo)
- **They bake the cake themselves..**(Ellos mismos hornean el pastel)
- **He washs himself..**(se lava)

En español hay muchos verbos reflexivos que no lo son en inglés

Ejemplos:
- Luiz puts on a shirt..(Luiz se pone una camisa)
- This day you wake up early..(Este día te despiertas muy temprano.
- This day you stand up early..(Este día te levantas temprano.)
-

Pronombres posesivos

Singular	Plural
my	my
your	your
his	his
our	our
your	your
their	their

En inglés no hay diferencia entre los pronombres posesivos en Singular y Plural

Ejemplos:
- These **are his shoes** (estos son **sus** zapatos)
- This **is his bag** (esta es **su** bolsa)
- This **is your bag** (esta es **tu** bolsa)
- These **are your bags** (estas son **tus** bolsas)

Pronombres posesivos después de un sustantivo

(yo)->mine
(tú)->yours
(él,ella)->his
(nosotros,nosotras)->ours
(vosotros,vosotras)->yours
(they)->theirs

Ejemplos:
- **These bags are mine**..(estas bolsas son mías)
- **This bag is yours**..(esta bolsa es tuya)
- **This bag is his**..(esta bolsa es suya)
- **These bags are ours**..(estas bolsas son nuestras)
- **These bags are yours**..(estas bolsas son vuestras)
- **These bags are theirs**..(estas bolsas son suyas)

Ejemplo con una pregunta.
Whose table is this?..(De quién es esta mesa?)
- This is his table(pronombre posesivo)
- This is the table of Luiz(Dativo)
  Or this is Luiz's table
- This table is his

Pronombres demostrativos

En inglés no hay diferencia entre los pronombres
demostrativos en femenino y masculino
cuando hay algo cerca.:

Singular: this(esto,esta)
Plural: these(estos,estas)

Ejemplos:
- This city has a park..(Esta ciudad tiene un
  parque.)
- These shirts are blue..(Estas camisas son azules.)
- This is Luiz..(Esto es Luiz)
- "This one or this bag?"-"the blue one"..("Este o
  esta bolsa?"-"la azul.")
- This trees are in the park..(Estos árboles están
  en el parque.)
- This tree is big..(Este árbol es grande.)

Cuando alguien o algo está más lejos

Singluar:that(eso,esa)
Plural:those(esos,esas)

La palabra that también puede referirse al Pretérito
Ejemplo:
-That game was nice

Capítulo 7

la negacion en ingles.

Si el verbo es negativo, también se debe usar el verbo
auxiliar (to)do

Ejemplo:
- Luiz doesn't know anything about it..(luiz no
  sabe nada al respecto)
  Or..Luiz knows nothing about ist

  En este caso se niega la palabra anything(algo) y
  no el verbo
  (En inglés no hay doble negación)

Otros ejemplos:
- Luiz has no football..(Luiz no tiene fútbol)
  Or : Luiz does not have a football..(el verbo es
  negado)

Pero no: ~~Luiz has not football~~
- Luiz **does not** **find** his key..(Luiz no encuentra sus llaves)
- They **do not** **find** this store..(Ellos no encuentran esta tienda)
- Luiz **does not** **go** to the store today..(luiz no va al tienda hoy)
- Luiz has never been to Italy..(Luiz no fue nunca en italia)

Una excepción es la palabra (to)be(ser), donde no se necesita un verbo auxiliar

Ejemplos:
- Luiz is not in this city..(Luiz no está en esta ciudad)
- The shirts are not green..(las camisas no son verdes)

las **preposiciones.**

ejemplos:

- **in** the street (**en** la calle)
- **on** the tree (**en** el árbol)
- **on** the table (**en** la mesa)

25

- this bag is **for you**..(objeto directo,acustativo).. (esta bolsa es **para tí**)
- thanks **for** the bag..(gracías **por** la bolsa)
- the shop is open **from** ten **to** eight..(la tienda está abierta **de** diez **a** ocho)
- a kilo **of** apples..(un kilo **de** manzanas)
- the pen is **from** Luiz..(El lapíz es **de** Luiz)
- the people clean this place **from** the inside out.. (las personas limpian este lugar de dentro hacia afuera

Las preposiciones **por** y **para** en Inglés

Frases con por:

- Thank you very much **for** the gift..(Muchas gracias **por** el regalo)
- He couldn't get there early **because of** that road.. (Él no puede llegar temprano **por** este calle)
- He sees the information through the night..(Ve las informaciones **por** la noche.)
- He goes down the street..(Él camina **por** la calle.)
- He is in/around the city..(Está **por** la ciudad.)
- He answers the question with a message/by a message..(Él responda la pregunta **por** un message.)
- He buys a table **for** a few dollars..(Él compra un mesa **por** unos dollars)

- He changes the green sweater **for** a blue sweater..(Él cambia el jerséy verde **por** und jerséy azul.)
- The building was contructet **by** this man..(El edificio fue construido **por** este hombre.)

Frases con para:

- He uses this article **to** inform himself..(Él usa este artículo **para** informarse.)
- The train to Lisbon..(Él tren **para** Lissabón sale en cincominutos.)
- He needs those things **for** Friday..(Él necesita estas cosas **para** el viernes.)
- This article is **for** you..(Este artículo es **para** ti.)
- It's possible **for** him..(**Para** él esto es possible.)

otras preposiciones

a la (derecha)	to the(right)
al fin de..	at the end of..
abajo	down,under(of)
hasta la (calle)	up to (street)
encima de	up, over

por	through,out,because of
dentro	inside
(al)norte	to the(north)
(al)oeste	(to the)west
delante,detrás	forward,backward

a la (izquierda)	to the(left)
arriba	up,up(stairs)
en la esquina	in the corner
sobre	up, over
para	until, after, for
hacia	after, until
afuera	outside
(al)sur	to the(south)
(al)este	to the(east)
dirrecíon	address,direction

Ejemplos:

- The book is on the table..(El libro está encima de mesa)
- The restaurant is downstairs in the hotel..(El restaurante está abajo en el hotel)
- What is the address of this shop?..(Cual es la drección de esta tienda?)

28

- until the end of the street..(hasta el fin de la calle)
- They have to take the train south..(Ellos tienen que tomar el tren al sur)
- Luiz has to take the second street left..(Luiz tiene que girra la segunda calle a la izquierda)
- The train goes to Madrid..(El tren es para Madrid)
- The tree is in the left corner..(El arból está en la esquina izquierda)
- The people are already outside..(Las personas ya están afuera)

Capítulo 8

El Pretérito en Inglés.

Hay dos tiempos en Inglés que se usan comúnmente
1. el Simple Past..(corresponde al Indefinido)
2. el Present Perfect..(correspnde al Perfecto)

el Simple Past.:
- las formas regulares se forman añadiendo la terminación -ed al infinitive
- la forma del verbo es la misma para todas las personas y en singular y plural

Ejemplos de verbos regulars:

1. (to)call(llamar)
   I,you,he she,it,we,you,they -> called

2. (to)play(tocar,jugar)
   I,you,he,she,it,we,you,they -> played

una excepción es el verbo (to)be(ser)

I was..(Yo)fui
You were..(tú)fuiste
He,she,it was..(él,ella)fue
We were..(nosotros,nostras)fuimos
You were..(vosotros,vosotras)fuisteis
They were..(ellos,ellas)fueron

El Present Perfect
- el Perfecto se forma con el verbo auxiliar(to)have en presente y el **Past Participle**
- El Past Participle corresponde al Simple Past en verbos regulares y algunos verbos irregulars

Ejemplos de los verbos regulares.:

1. **(to)call(llamar)**

I have called..(Yo)he llamado
You have called..(tú)has llamado
He,she,it has called..(él,ella)ha llamado
We have called..(nosotros,nosotras)hemos llamado
You have called..(vosotros,vosotras)habéis llamado
They have called..(ellos,ellas)han llamado

(El verbo (to)have en Simple present:
I,you, we, you, they-> have..y he,she,it->has)

2. **(to)play(jugar,tocar)**

I have played..(Yo)he jugado
You have played..(tú)has jugado
He,she,it has played..(él,ella)ha jugado
We have played..(nosotros,nosotras)hemos jugado
You have played..(vosotros,vosotras)habéis jugado
They have played..(ellos,ellas)han jugado

El verbo auxiliary(to)have también puede estar
solo..por ejemplo:

31

Luiz has short hair..(Luiz tiene pelo corto)..
(to)have(tener)

El verbo (to)be(ser) en Present Perfect.
I,you,we, you,they->have been
He,she,it->has been

Los verbos irregulars en Simple Past y Present Perfect

El verbo (to)have en Simple Past.
I,you,he,she,it,we,you,they->had

El verbo (to)have en Present Perfect
(I,you,we,you,they->have..had.)
(He,she,it->has..had.)

Otros verbos irregulars:

Simple past		Present Perfect	
		(to)have	Past participle
1.I,you,we,you they awoke		have	awoken
He,she it awoke		has	awoken
2.I,you,we,you they became		have	become
He,she it bacame		has	become
3.I,you,we,you they began		have	begun
He,she it began		has	begun

4.I,you,we,you they bound He,she it bound	have has	bound bound
5.I,you,we,you they broke He,she it broke	have has	broken broken
6.I,you,we,you they brought He,she it brought	have has	brought brought
7.I,you,we,you they built He,she it built	have has	built built
8.I,you,we,you they burnt He,she it burnt	have has	burnt burnt
9.I,you,we,you they bought He,she it bought	have has	bought bought
10.I,you,we,you they could He,she it could		
11.I,you,we,you they caught He,she it caught	have has	caught caught
12.I,you,we,you they chose He,she it chose	have has	chosen chosen
13.I,you,we,you they came He,she it came	have has	come come
14.I,you,we,you they cost He,she it cost	have has	cost cost
15.I,you,we,you they cut He,she it cut	have has	cut cut
16.I,you,we,you they did He,she it did	have has	done done
17.I,you,we,you they dreamt He,she it dreamt	have has	dreamt dreamt
18.I,you,we,you they drank He,she it drank	have has	drunk drunk

19.I,you,we,you they drove	have	driven
He,she it drove	has	driven
20.I,you,we,you they ate	have	eaten
He,she it ate	has	eaten
21.I,you,we,you they fell	have	fallen
He,she it fell	has	fallen
22.I,you,we,you they felt	have	felt
He,she it felt	has	felt
23.I,you,we,you they found	have	found
He,she it found	has	found
24.I,you,we,you they flew	have	flown
He,she it flew	has	flown
25.I,you,we,you they forbade	have	forbidden
He,she it forbade	has	forbidden
26.I,you,we,you they forgot	have	forgotten
He,she it forgot	has	forgotten
27.I,you,we,you they forgave	have	forgiven
He,she it forgave	has	forgiven
28.I,you,we,you they got	have	got
He,she it got	has	got
29.I,you,we,you they gave	have	given
He,she it gave	has	given
30.I,you,we,you they went	have	gone
He,she it went	has	gone
31.I,you,we,you they hung	have	hung
He,she it hung	has	hung
32.I,you,we,you they heard	have	heard
He,she it heard	has	heard
33.I,you,we,you they hid	have	hidden
He,she it hid	has	hidden

34.I,you,we,you they held He,she it held	have has	held held
35.I,you,we,you they kept He,she it kept	have has	kept kept
36.I,you,we,you they knew He,she it knew	have has	known known
37.I,you,we,you they laid He,she it laid	have has	laid laid
38.I,you,we,you they led He,she it led	have has	led led
39.I,you,we,you they learnt He,she it learnt	have has	learnt learnt
40.I,you,we,you they left He,she it left	have has	left left
41.I,you,we,you they let He,she it let	have has	let let
42.I,you,we,you they lay He,she it lay	have has	lain lain
43.I,you,we,you they lost He,she it lost	have has	lost lost
44.I,you,we,you they made He,she it made	have has	made made
45.I,you,we,you they met He,she it met	have has	met met
46.I,you,we,you they paid He,she it paid	have has	paid paid
47.I,you,we,you they put He,she it put	have has	put put
48.I,you,we,you they read He,she it read	have has	read read

49. I,you,we,you they	rang	have	rung
He,she it	rang	has	rung
50. I,you,we,you they	ran	have	run
He,she it	ran	has	run
51. I,you,we,you they	said	have	said
He,she it	said	has	said
52. I,you,we,you they	saw	have	seen
He,she it	saw	has	seen
53. I,you,we,you they	sent	have	sent
He,she it	sent	has	sent
54. I,you,we,you they	set	have	set
He,she it	set	has	set
55. I,you,we,you they	shone	have	shone
He,she it	shone	has	shone
56. I,you,we,you they	showed	have	shown
He,she it	showed	has	shown
57. I,you,we,you they	sang	have	sung
He,she it	sang	has	sung
58. I,you,we,you they	sat	have	sat
He,she it	sat	has	sat
59. I,you,we,you they	slept	have	slept
He,she it	slept	has	slept
60. I,you,we,you they	smelled	have	smelled
He,she it	smelled	has	smelled
61. I,you,we,you they	spoke	have	spoken
He,she it	spoke	has	spoken
62. I,you,we,you they	spent	have	spent
He,she it	spent	has	spent
63. I,you,we,you they	sprang	have	sprung
He,she it	sprang	has	sprung

64.I,you,we,you they	stood	have	stood
He,she it	stood	has	stood
65.I,you,we,you they	took	have	taken
He,she it	took	has	taken
66.I,you,we,you they	taught	have	taught
He,she it	taught	has	taught
67.I,you,we,you they	told	have	told
He,she it	told	has	told
68.I,you,we,you they	thought	have	thought
He,she it	thought	has	tought
69.I,you,we,you they	threw	have	thrown
He,she it	threw	has	thrown
70.I,you,we,you they	wore	have	worn
He,she it	wore	has	worn
71.I,you,we,you they	won	have	won
He,she it	won	has	won
72.I,you,we,you they	wrote	have	written
He,she it	wrote	has	written

lista de verbos irregulars

1.(to)awake(despertarse)   2.(to)become(convertirse)
3.(to)begin(empenzar)   4.(to)bind(unir)
5.(to)break(romper)   6.(to)bring(traer)
7.(to)build(construer)   8.(to)burn(quemar)
9.(to)buy(comprar)   10.(to)can(poder)
11.(to)catch(atrapar)   12.(to)choose(elegir)
13.(to)come(venir)   14.(to)cost(costar)
15.(to)cut(cortar)   16.(to)do(hacer)
17.(to)dream(soñar)   18.(to)drink(beber)

19.(to)drive(conducir)   20.(to)eat(comer)
21.(to)fall(caer)   22.(to)feel(sentir)
23.(to)find(encontrar)   24.(to)fly(volar)
25.(to)forbid(prohibir)   26.(to)forget(olividar)
27.(to)forgive(perdonar)   28.(to)get(recibir)
29.(to)give(dar)   30.(to)go(ir)
31.(to)hang(colgar)   32.(to)hear(oír)
33.(to)hide(esconder)   34.(to)hold(sostener)
35.(to)keep(mantener)   36.(to)know(conocer)
37.(to)lay(poner)   38.(to)lead(liderar)
39.(to)learn(aprender)   40.(to)leave(salir)
41.(to)let(dejar)   42.(to)lie(acostarse)
43.(to)lose(perder)   44.(to)make(hacer)
45.(to)meet(encontrarse)   46.(to)pay(pagar)
47.(to)put(poner)   48.(to)read(leer)
49.(to)ring(tocar)   50.(to)run(caminar)
51.(to)say(decir)   52.(to)see(ver)
53.(to)send(envíar)   54.(to)set(poner)
55.(to)shine(lucir)   56.(to)show(mostrar)
57.(to)sing(cantar)   58.(to)sit(sentar)
59.(to)sleep(dormir)   60.(to)smell(oler)
61.(to)speak(hablar)   62.(to)spend(gastar)
63.(to)spring(saltar)   64.(to)stand(aguantar)
65.(to)take(tomar)   66.(to)teach(enseñar)
67.(to)tell(contar)   68.(to)think(pensar)
69.(to)throw(tirar)   70.(to)wear(llevar)
71.(to)win(ganar)   72.(to)write(escribir)

Uso y ejemplos del Simple Past.
- Se usa **el Simple Past** si una acción o evento en el pasado **se considera completado**
- **las palabras de señal** para el Simple Past son para ejemplo **yesterday(ayer), three months ago(hace tres meces) o last week(el semana pasado)**

Ejemplos:
- **Last week** they went to the cinema. (El semana pasado ellos fueron al cine.)
- **Yesterday** it rained a lot (Ayer llovió mucho.)
- **Three years ago** he went to Italy (Hace tres años fue a Italia)
- He was never in this city (Nunca estuvo a esta ciudad)

La negacion en Pasado Simple.
- Para la negacion se usa el verbo auxiliar **(to)do en Simple Past** y el verbo sigue en infinitivo

Ejemplos:
- Last week they **didn't** go to the cinema. (El semana pasado no fueron al cine.)
- Yesterday it **didn't** rain (Ayer no llovió)

Una excepción es el verbo ser(to)be, donde no se usa ningún verbo auxiliar

I was not..((Yo)no fui)
You were not..((tú)no fuiste
He,she,it was not..((él,ella)no fue)
We were not..((nosotros,nosotras)no fuimos)
You were not..((vosotros,vosotras)no fuisteis)
They were not..((ellos,ellas)no fueron)

Ejemplos:

- He **was not** in this city since yesterday (Desde ayer no estuvo en esta ciudad)
- Yesterday they **were not** at his place (Ayer no estuvieron en este lugar)

Uso y ejemplos del Persent Perfect.

- **El perfecto se usa si el evento todavía se considera actual**
- **En el caso de la negación, se niega el verbo auxiliar (to)have y el verbo sigue en Past Participle, como en las oraciones no negativas**
- Las palabras de advertencia son, por ejemplo **already(ya), not yet(todavía no), ever(alguna vez) y today(hoy)**

Ejemplos:
- Has he ever been in this city? (Ha estado alguna vez en esta ciudad?)
- He has not arrived yet (Todavía no ha llegado)
- Has Luiz aleady arrived? (Luiz ya llegó?)
- They have not arrived at this place yet (Todavía no han llegado a este lugar)

El Pretérito Perfecto se puede comparar con el pluscuamperfecto..el verbo auxiliar (to)have está en Past Simple y el verbo sigue en Past Participle

I,you,he,she,it,we,you,they->had..(verbo en participle)
Ejemplo:
- When Luiz arrives the film had already begun. (Cuando Luiz llegó la pelicula ya había empezado)

Capítulo 9

El Present Continuous.

- El Present Continuous corresponde al Gerundio en Español y describe una acción que está sucediendo
- El Present Continuous se forma con el verbo auxiliar de to(be) y el verbo(Infinitivo con la forma –ing)

I am..cooking..(Yo)estoy cocinando
You are..cooking..(tú)estás cocinando
He,she,it is..cooking..(él,ella) está cocinando
We are..cooking..(nosotros,nosotras)estamos cocinando
You are..cooking..(vosotros,vosotras)estáis cocinando
They are..cooking..(ellos,ellas)están cocinando

otros ejemplos de verbos en la forma -ing

send->sending	spend->spending
sleep->sleeping	buy->buying
fall->falling	choose->choosing
drink->drinking	drive-driving
dream->dreaming	fall->falling

también hay verbos irregulares

set->setting	put->putting
get->getting	set->setting
get->getting	swim->swimming

pero también hay verbos(state verbs) que no se usan
en la –ing forma por ejemplo

- (to)agree, (to)be, (to)want, (to)can, (to)know,
  (to)seem, (to)wish, (to)imagine

Ejemplo:
- He is agree with this..(él está acuerdo con esto)
  Y no..~~he is agreeing with this~~

Ejemplos de Pesent Continuous.
- Luiz is cooking (Luiz está cocinando)
- They are swimming (Ellos están nadando)

También se puede usar la forma -ing para nombrar un verbo
Ejemplos:
- Luiz likes swimming (A Luiz le gusta nadar)
  or Luiz likes to swim
- Luiz likes cooking (A Luiz le gusta cocinar)
  or Luiiz likes to ccok

El Present Continuous también hay en el Pretérito(Past Continuous)

I was..cooking
You were..cooking
He,she,it was..cooking
We were..cooking
You were..cooking
They were..cooking

En inglés no existe el imperfecto, la mayoría de las veces se usa el Simple Past o a veces la forma(Past Continuous)
Ejemplos:

- He went to a Spanish course. Every day he has to bring a few things. (Él iba a un curso de español. Cada día tenia que llavar algunos cosas.)
- A few years ago, a computer was very exclusive.. (Hace unos años, una computadora era muy exclusive)
- He was walking down the street and immediately saw a new store..(Él caminaba por la calle y enseguida vio una tienda nueva.)
- They were sitting on the bank when a ship appeared..(Ellos estaban sentados en la orilla cuando apareció un barco.)
- He was on the street and did not know the name of the hotel when a person passed by..(Él estaba en la calle y no sabia el nombre del hotel cuando una persona pasó.)

En inglés, cuando tienes la intención de hacer algo o planeas algo, usas esta forma para expresar algo en el future
- **(going..to y verbo(en infinitivo))**

I am going..to(swim)	(Yo)voy a..nadar
You are going..to(swim)	(tú)vas a..nadar

He,she,it is going..to(swim)	(él,ella)va a..nadar
We are going..to(swim)	(nosotros,-as)vamos a nadar
You are going..to(swim)	(vosotros,-as)vais a nadar
They are going..(to)swim	(ellos,ellas)van a nadar

Ejemplos:
- Luiz is going to eat..(Luiz va a comer)
- What are they going to do in the weekend?..
  (Qué van a hacer en el fin de semana?)

Capítulo 10

El futuro en ingles.

- Para expresar algo en futuro en inglés se usa la
  forma **will** y **verbo(infinitivo)**
- **Es la misma forma para todas las personas en
  Singular y Plural**

I,you,he,she,it,we,you,they->will..(verbo en infinitivo)

formas cortas.:
I will->I'll..(verbo)
You will->you'll..(verbo)

He will->he'll..(verbo)
We will->we'll..(verbo)
You will->you'll..(verbo)
They will->they'll..(verbo)

Ejemplos:
- Next year **Luiz will travel** a Italy..(El próximo año Luiz viajará a Italia)
- Next year **they will visit** this place..(or..Next year they'll visit this place)..(El próximo año visitarán este lugar)
- Luiz hopes that the train **will arrive** early..(Luiz espera que el tren llegue temprano)
- Next month **they will arrive**..(El próximo mez llegarán)

Ejemplos de frases negativas:
- **Next year Luiz won't travel a Italy..(or..Next year Luiz will not travel a Italy)..(Él próximo año Luiz no viajará a Italia)**
- **Next month they won't arrive..(or..Next month they will not arrive)..(Él próximo mez no llegarán)**

También puede usar el tiempo Futuro para expresar suposiciones

Ejemplo:

- Luiz suspects that **it will rain** soon..(Luiz suspone que lloverá pronto)

El tiempo futuro también se usa para frases condicionales reales

Ejemplos:

- If it rains tomorrow **they will go** to the cinema.. (Si mañana llueve ellos irán al cine)
- If Luiz gets up early **he will arrive** punctually..(Si Luiz se levanta temprano llegará puntual..)

El Condicional en ingles.

- **Se usa el condicional para sugerencias, consejos para solicitudes educadas, así como para cosas que se pueden realizar bajo ciertas condiciones**

- Para el condicional usas la forma would y el verbo(en infinitivo)
- La forma es la misma para todas las personas en Singular y Plural

I,you,he,she,it,we,you,they->would..(verbo en infinitivo)

Ejemplos:
- He **would like to go** to the party, but that day he doesn't have time..(Él gustaría mucho ir a fiesta, pero en el este día no tiene tiempo.)
- He **would watch** more films for more information..(Él vería más películas para más informacíon.)
- Would you buy these things?..(Comprarías estas cosas?)
- He **would not go** to places that are too touristy.. (or..He wouldn't go tp places that are too touristy)..(Él no iría a sitios demasiado turisticos.)
- **Could** you do me a favor?..(Podrías hacerme un favor?)

Can(verbo modal)->could

El Condicional también se usa en frases condicionales irreales
Ejemplo:

- If they had more information, they **could** go to this place..(Si ellos tuvieran más información podrían ir a este lugar.)

En Inglés no hay subjuntivo como en Español

- **Normalmente se usa el Presente indikativo o Futuro en lugar del subjuntivo**

Ejemplos:
- I want that **you enjoy this trip** very much..or.. I want you to enjoy this trip very much (.Quiero que desfrutes mucho este viaje.)
- I'm glade that **you do this trip**..or..I'm glad you're doing this trip..(Me alegro de que hagas este viaje.)
- We ask you that **you write** us regularly..or we ask you to write us regulary..(Te pedimos que nos escribas regularmente.)

- I hope that **you will call** me every day..or I hope you will call me every day.. (Espero que me llames todos los días.)
- I recommend that **you look for** a hotel in this city..(Te recomiendo que busques un hotel en esta ciudad.)
- Maybe **you will find** a hotel near to this place.. (Quizás encuentres/encuentras un hotel cerca de este lugar.)
- It is important that **you will arrive** early at the station..(Es importante que llegues temprona a la estacion)
- I don't think **Luiz is** right..(No creo que Luiz tenga razón.)

El subjuntivo rara vez se usa en Inglés, incluso frases condicionales irreales
Ejemplo:
- If they **had** more information, they could go to this place..(Si ellos tuvieran más información podrían ir a este lugar.)

El subjuntivo también se usa después del verbo (to)wish
Ejemplo:
- He wishs he were at this place..(Él desea que esté en este lugar)

Capítulo 11

Los verbos modales en ingles.

- (to)can(poder)
- (to)shall(deber)
- (to)have to..(tener que)
- (to)may(poder)
- (to)should(deber)

Ejemplos:
- Luiz **can play** soccer..(Luiz puede jugar fútbol)
- Luiz **could play** soccer..(Luiz podría jugar al fútbol)

- Luiz **shall(should)** write un message..(Luiz debe escribir una mensaje)
- Luiz **should** come to this place..(Luiz debería venir a este lugar)
- Can Luiz open the door?..(Luiz puede abrir la puerta?)
- They **can** buy this things..(Ellos pueden comprar estas cosas)
- They **must not buy this things**..(Ellos no tienen que comprar estas cosas)
- They **have to buy this things**..(Ellos tienen que comprar estas cosas)
- Luiz **can't go to the party**..(Luiz no puede ir a la fiesta)
- Luiz **doesn't have to go to the meeting**..(Luiz no tiene que ir a la reunion)

Los verbos modales(can,must,may,should) son iguales para todas las personas y en Singular y Plural y no se necesita el verbo auxiliary (to) en las frases negativas

Excepción (to)have to(tener que)
- Luiz **has to buy this things**..(Luiz tiene que comprar estas cosas)
- Luiz **doesn't have to buy this things**..(Luiz no tiene que comprar estas cosas)

Después del verbo **(to)want** sigue en inglés **to y el infinitivo**

Ejemplos:

- They want **to go to the party**..(Ellos quieren ir a la fiesta)
- Luiz wants **to swim**..(Luiz quiere nadar)
- He doesn't want **to go to the party**..(Él no quiere ir a la fiesta)

Los números ordinals

El número ordinal es lo mismo en Singular y Plural
1° first
2° second
3° third
4° fourth
5° fifth
6° sixth
7° seventh
8° eighth
9° ninth
10° tenth

Ejemplos:
- **the first street..(la primera calle)**
- **the first day..(el primer día)**
- **the second day..(el segundo día)**
- **the third day..(el tercer día)**
- **the first days..(los primeros días)**

En inglés hay dos verbos((to)to do,(to)make) para el verbo(hacer)
La palabra **to(do)** se usa para actividades y la palabra **(to)make** parar crear algo o hacer(algo) el mismo..
(to)make se refiere más al resultado

Ejemplos:
- **(to)make the bed..(hacer la cama)**
- **(to)make an omelette..(hacer una tortilla.)**
- **He makes the cake himself..(él hace el pastel él mismo.)**
- **(to)make a comment..(hacer un comentario.)**
- **(to)make a plan..(hacer un plan.)**
- **(to)make breakfast..(preparar el desayuno.)**
- **(to)do a exercise..(hacer un ejercicio.)**
- **(to)do a favor..(hacer un favor)**
- **(to)do some activity..(hacer alguna actividad.)**

El imperativo en Inglés.

- **En inglés, el imperativo siempre tiene la misma forma que el infinitivo**
- **el imperativo va al principio de la frase**

Ejemplos para el imperative afirmado:
- **Luiz: "Open the book"**
- **Luiz: "Clean this place"**
- **Luiz: "Give me this glass"**

Ejemplos para el imperativo negado:
- **Luiz: "Don't open the book"**

- Luiz: "**Don't try** this drink"
- Luiz: "**Don't** put the bottle on the table"

Estilo indirecto(reported speech) en Ingles.
- Si el verbo decir está en tiempo presente, se conservan las formas utilizadas en el estilo indirecto

Ejemplo:
- Luiz: "**This** town **has** many parks."…Luiz **says** (that) **that** town **has** many parks. (Luiz dice (que) ese ciudad tiene muchos parques.)
- Luiz: "**I play** football."..Luiz **says** (that) **he plays** football." (Luiz dice (que) juega al fútbol".)

(Se conservan las formas, pero se deben ajustar algunos lugares y pronombres personales)

55

Por ejemplo:
- this evening(esta noche)->that evening
- today(hoy)->that day
- tomorrow(mañana)->the next day.
- here(aquí)->there
- yesterday(ayer)->a day before.
- last week(una semana pasada)->a week before.

Si el verbo decir está en Pretérito, las formas cambian de la siguiente manera

Formas Simples
Simple Present->Simple Past
Simple Past->Past Perfect
Present Perect->Past Perfect
Past Perfect->Past Perfect
Futuro->Conditional

Formas progresvas..(progressive forms)
am,are,is..(verbo con –ing forma)->was,were..(-ing forma)
was,were..(verbo con –ing forma)->had been..(-ing forma)

Ejemplos:
- **Luiz:"I go to this store."..Luiz told (that) he went to that store.** (Luiz dijo (que) fue a esa tienda.)
- **Elena: "I was in this town yesterday."..Elena said (that) she had been(past perfect.) in that city the day before.**(Elena dijo (que) ella había

56

estado(pluscuamperfecto) en esa ciudad el día anterior)
- **Luiz: "They will go to this park."..Luiz told (that) they would go to that park.** (Luiz dijo (que) irían a ese parque.)
- **Elena: "They have already eaten."..Elena told (that) they had already eaten(past perfect)..** (Elena dijo (que) ya habían comido(pluscuamperfecto))
- **Luiz: "I am sitting(present progressive) on a bank."..Luiz said (that) he was sitting(past progressive) on a bank..**(Luiz dijo (que) estaba sentado(pasado progresivo) en un banco)

(En algunos casos, no es necesario cambiar la forma si las declaraciones aún se aplican)
Ejemplo:
- **Luiz: "He is in this town."..Luiz said (that) he was in this town..o..si todavía está ahí..Luiz said (that) he is in this town..(ambos es possible.)**

Estilo indirecto con preguntas.
- **Si la oración introductoria para la pregunta está en Presente, el forma se conserva en el estilo indirect**
- **De lo contrario, las formas cambian como en las frases declaraciónes**

- La frase interrogativa en estilo indirecto se introduce con if(si)

Ejemplos:

- Elena: "**Does** Luiz **play** soccer?"..Elena **asks if Luiz plays soccer**.. (Elena pregunta si Luiz juega al fútbol)
- Luiz: "**Can** you(Elena) **open** the door?"..Luiz **asked if she could open the door**..(Luiz le preguntó si podía abrir la puerta.)
- Luiz: "**Have they visited** this park?"..**Luiz asks if they have visited that park.** .(Luiz pregunta si han visitado ese parque.)
- Luiz: "**Did** Elena **tell** them the story?"..Luiz **asked if Elena told them this story**..(Luiz preguntó si Elena les contó esta historia.)

Oraciones interrogativas con palabras interrogativas

- **El estilo indirecto comienza con la palabra interrogativa**

Ejemplos:
- **Elena: "When do they arrive?..Elena asked when they arrived**.. (Elena pregunto cuándo llegaron)
- **Luiz: "Why does this store only open in the evening today?"..Luiz asked why this store opend only in the evening that day**..(Luiz

preguntó por qué esta tienda abrió solo por la noche ese día.)

Frases interrogativas con el verbo (to)be(ser)

- **En las oraciones interrogativas, el verbo (to)be(ser) siempre va antes del sustantivo, pero en el estilo indirecto, el sujeto siempre va antes del verbo**
- **Sujeto->verbo(oración declarative)**

Ejemplos:
- Luiz: "How much is this apple?"..Luiz asks how much the apple is..(Luiz pregunta cuánto cuesta la manzana.)
- Elena: "Where is Luiz from?"..Elena asks where Luiz is from.. (Elena pregunta de dónde es Luiz.)
- Luiz: "Is the store open today?"..Luiz asked if the store was open that day..(Luiz preguntó si la tienda estaba abierta ese día.)
- Luiz: "Where is this park?"..Luiz asks where this park is.. (Luiz pregunta dónde está este parque.)

El imperativo.

- **A diferencia de las oraciones declarativas y las oraciones interrogativas, se conservan las formas en el estilo indirecto incluso si la oración introductoria está en Pretérito**

- imperativo afirmado.->to y verbo(en infinitivo)
  imperativo negado.->not to y verbo(en
  infinitivo)

Ejemplos:
- Luiz: "Hurry up"..Luiz **tells** Elena to hurry up..(Luiz
  le dice a Elena que se dé prisa)
- Luiz: "Open the door"..Luiz **told** Elena to open
  the door..(Luiz le dijo a Elena que abriera la
  puerta)
- Luiz: "Do not open the door"..Luiz **tells** Elena not
  to open the door..(Luiz le dice a Elena que no
  abra la puerta)

El estilo indirecto con los consejos.
(después el verbo(to)suggest(sugerir) no puede seguir
la forma to..y infinitivo)

Ejemplos
- Luiz: "Why don't they come to the party?"..Luiz
  advised to come to the party.. (Luiz aconsejó
  venir a la fiesta)
- Luiz: "Why don't they try this new meal?"..Luiz
  suggested trying this new meal..or Luiz
  suggested that they should try this new meal..
  (Luiz sugirió que deberían probar esta nueva
  comida)

Capítulo 12

La palabra mucho en Ingles.
En inglés se usan las palabras **much** y **many**

much->se usa el palabra **much para innumerables cosas por ejemplo(water(agua),milk(leche),sand(arena))..(el sustantivo está en Singular)**

many->se usa el palabra **many para numerables cosas por ejemplo(oranges(naranjas),bottles of water(botellas de agua))..(el sustantivo está en Plural)**

Ejemplos:
- The lake has much water..(El lago tiene mucho agua)
- There are many people at this place..(Hay mucha gente en este lugar)
- There are many stores in this street..(Hay muchas tiendas en esta calle)
- Luiz likes this idea very much..(A Luiz le gusta mucho esta idea)

- How much is this table..(Cuánto cuesta esta mesa?)
- There are many bags in the store..(Hay muchas bolsas en esta tienda)

También puedes usar las palabras..(a lot of..or..lots of)
Ejemplos:
- This lake has a lot of water..(Este lago tiene mucho water)
- It rains a lot in April..(Llueve muco en abril)
- He visits al lot of places..(Él visita muchos lugares)
- There are lots of stores in this street..(Hay muchas tiendas en esta calle)
- There are lots of bags in the store..(Hay muchas bolsas en esta tienda)

everyone	todos,-as
every day	cada el día
every day, all days	todos los días
all	todo
the whole world	todo el mundo
each person	cada persona
all day	todo el día
any	cualquier

the whole day..(todo el día)
every day..(cada día)
several days..(varios días)
another day..(un otro día)
the same..(store)..la misma..(tienda)

adverbios y conectores(but(pero),because(porque))
Ejemplos:
- The soup is **too** cold..(la sopa está demasiado fría)
- The lake is **very** big..(El lago es muy grande)
- Luiz doesn't take the tren, **because he** arrives too late at the station..(Luiz no toma el tren, porque llega demasiado tarde a la estación.)
- Luiz wants to go to the party, **but he** has to get up early tomorrow..(Luiz quiere ir a la fiesta, pero tiene que llevantarse temprano mañana)

Someone..(alguien)
Something..(algo)

La diferencia entre las palabras..(some y any)
- se usa **any** con palabras en oraciones negativas o preguntas

Ejemplos:
- Does Luiz know **anyone** from Italy?..(Luiz conoce a alguien de Italia?)
- He doesn't know **anyone** from Italy..(Él no conoce a nadie de Italia)
- Does Luiz know **any** store there?..(Luiz conoce alguna tienda ahí)
- Luiz is **anywhere** in Italy?..(Luiz está en algún lugar de Italia?)

Pero:
- Luiz knows **someone** from Italy..(Luiz conoce a alguen de Italia)
- Luiz knows **some** stores there..(Luiz sabe algunas tiendas ahí)
- They are **somewhere** in Italy..(Ellos están en algún lugar de Italia)

La palabra **hay** en ingles
En Inglés: **there are->Plural**
There is->Singular
Ejemplos:
- In this city are tree parks..(En esta ciudad hay tres parques.)
- In this city thera are many trees..(En esta ciudad hay muchos árboles.)
- In this street there is a store..(En este calle hay tres tiendas.)

algo de vocabulario.

the restaurant,food(meal)

fork	(el)tenedor
knife	(el)cuchillo
plate	(el)plato
bottle	(la)botella
table	(la)mesa
dishes	(los)platos

fruit	(las)frutas
meat	(el)carne
spoon	(la)cuchara
drink	(la)bebida
glass	(el)vaso
the menu	(el)menú
soup	(la)sopa
waitress	Camarero/a
vegetables	(los)vegetales
sauce	(la)salsa

Ejemplo:
- Hello,anything to drink or eat?yes I take..
  (Hola..algo para comer y tomar?-Si,yo tomo..)

dress,(la ropa)

t-shirt	(la)camisa
dress	(el)vestido
jeans(pl.)	(los)vaqueros
shoes(pl.)	(los)zapatos
pants(istpl.)	los pantalones
pullover	(el)jersey
jacket	(la)chaqueta
socks	(los)calcetines

En inglés hay dos verbos ((to)wear, (to)carry) diferentes para el verbo llevar

- (to)carry significa llevar algo de un lugar a otro
- (to)wear significa algo que se pone(ropa)

Ejemplos:
- Luiz wears a blue shirt..(Luiz lleva una camisa azul)
- Luiz carries a bag..(Luiz lleva una bolsa)
- Luiz is wears a red jacket..(Luiz lleva una chaqueta roja)

Animals..(los)animales, environment..(ambiente)

lion,-s	león,Pl.leones
horse,-s	caballo,Pl.caballos
bear,-s	oso,Pl.osos
mountain,-s	montaña,Pl.montañas
sea,ocean	(el)mar
much(rain)	(mucho)lluvia
tiger	tigre,Pl.tigres
dogs	perro,Pl.perros
clouds	nube,Pl.nubes
lake,-n	lago,-s
(a lot of)snow	(mucho)nieve
rainforest,rainforests	selva,-s

Ejemplos:
- The bear lives in the mountains..(El oso vive en los montañas)
- The tiger is in the jungle..(El tigre está en la selva)
- The lake water is cold..(El agua de lago está frío)

(los)países

German	alemán,alemana
American	americano/-a
American	estadounidense
(French)Frenchman,-woman	francés/francesa
(English)Englishman,Englishwoma n	inglés/inglesa
Italian	italioano/-a
Mexican	mexicano/-a
Honduran	hondureño/-a

Ejemplos:
- He is German..(Él es alemán)
- She is German..(Ella es alemana)
- She is from France..(Ella es de Francía)
- He is English..(Él es ingles)
- They are French..(Ellos son franceses)
- She is in England..(Ella está en Inglaterra)

months..(meces)

January	enero
February	febrero
March	marzo
April	abril
May	mayo
June	junio
July	julio
August	agosto
September	septiembre
Oktober	octobre

November	noviembre
December	deciembre

(Los meses se escriben con mayúscula en Ingles)
Ejemplos:
- He was born **in** July..(Nació en julio)
- It rains a lot **in** April..(Lueve muco en abril)

spring	primavera
summer	verano
autumn	otono
winter	invierno

The colors..(los colores)

blue	azul
green	verde
red	rojo,-a
grey	gris
black	negro, -a
white	blanco, -a
brown	marrón
yellow	amarillo,-a
orange	naranjo,-a

(Los colores son adjetivos y van antes del sustantivo)
Ejemplos:
- three blue shirts..(tres camisas azules)
- three red glasses..(tres vasos blancos)

- three red spoons..(tres cucharas rojas)
- a white paper..(un papel blanco)

verbos irregulars:
tabla para llena.
(una lista de verbos en infinitivo está en Capítulo 8)

Simple past	Present Perfect	
	(to)have	Past participle
1.I,you,we,you they	have	
He,she it	has	
2.I,you,we,you they	have	
He,she it	has	
3.I,you,we,you they	have	
He,she it	has	
4.I,you,we,you they	have	
He,she it	has	
5.I,you,we,you they	have	
He,she it	has	
6.I,you,we,you they	have	
He,she it	has	
7.I,you,we,you they	have	
He,she it	has	
8.I,you,we,you they	have	
He,she it	has	
9.I,you,we,you they	have	

He,she it	has	
10.I,you,we,you they		
He,she it		
11.I,you,we,you they	have	
He,she it	has	
12.I,you,we,you they	have	
He,she it	has	
13.I,you,we,you they	have	
He,she it	has	
14.I,you,we,you they	have	
He,she it	has	
15.I,you,we,you they	have	
He,she it	has	
16.I,you,we,you they	have	
He,she it	has	
17.I,you,we,you they	have	
He,she it	has	
18.I,you,we,you they	have	
He,she it	has	
19.I,you,we,you they	have	
He,she it	has	
20.I,you,we,you they	have	
He,she it	has	
21.I,you,we,you they	have	
He,she it	has	
22.I,you,we,you they	have	
He,she it	has	
23.I,you,we,you they	have	
He,she it	has	
24.I,you,we,you they	have	

He,she it	has	
25.I,you,we,you they	have	
He,she it	has	
26.I,you,we,you they	have	
He,she it	has	
27.I,you,we,you they	have	
He,she it	has	
28.I,you,we,you they	have	
He,she it	has	
29.I,you,we,you they	have	
He,she it	has	
30.I,you,we,you they	have	
He,she it	has	
31.I,you,we,you they	have	
He,she it	has	
32.I,you,we,you they	have	
He,she it	has	
33.I,you,we,you they	have	
He,she it	has	
34.I,you,we,you they	have	
He,she it	has	
35.I,you,we,you they	have	
He,she it	has	
36.I,you,we,you they	have	
He,she it	has	
37.I,you,we,you they	have	
He,she it	has	
38.I,you,we,you they	have	
He,she it	has	
39.I,you,we,you they	have	

He,she it	has	
40.I,you,we,you they	have	
He,she it	has	
41.I,you,we,you they	have	
He,she it	has	
42.I,you,we,you they	have	
He,she it	has	
43.I,you,we,you they	have	
He,she it	has	
44.I,you,we,you they	have	
He,she it	has	
45.I,you,we,you they	have	
He,she it	has	
46.I,you,we,you they	have	
He,she it	has	
47.I,you,we,you they	have	
He,she it	has	
48.I,you,we,you they	have	
He,she it	has	
49.I,you,we,you they	have	
He,she it	has	
50.I,you,we,you they	have	
He,she it	has	
51.I,you,we,you they	have	
He,she it	has	
52.I,you,we,you they	have	
He,she it	has	
53.I,you,we,you they	have	
He,she it	has	
54.I,you,we,you they	have	

He,she it	has	
55.I,you,we,you they	have	
He,she it	has	
56.I,you,we,you they	have	
He,she it	has	
57.I,you,we,you they	have	
He,she it	has	
58.I,you,we,you they	have	
He,she it	has	
59.I,you,we,you they	have	
He,she it	has	
60.I,you,we,you they	have	
He,she it	has	
61.I,you,we,you they	have	
He,she it	has	
62.I,you,we,you they	have	
He,she it	has	
63.I,you,we,you they	have	
He,she it	has	
64.I,you,we,you they	have	
He,she it	has	
65.I,you,we,you they	have	
He,she it	has	
66.I,you,we,you they	have	
He,she it	has	
67.I,you,we,you they	have	
He,she it	has	
68.I,you,we,you they	have	
He,she it	has	
69.I,you,we,you they	have	

He,she it	has	
70.I,you,we,you they	have	
He,she it	has	
71.I,you,we,you they	have	
He,she it	has	
72.I,you,we,you they	have	
He,she it	has	